anaïs vaugelade

LA POUSSETTE DE CLÉO QUICHON

l'école des loisirs

Tuuuuuuuuuuuut, tuuuuuuuuuuut !
Pardon pardon !
Voici Cléo et la poussette, la poussette
de Cléo Quichon !

percival quichon
marlaguette quichon
jon quichon
billy quichon
camille quichon
david quichon
isaac quichon
enriquetta quichon
dominique quichon
marie-ange quichon
tristan quichon
anna quichon
zachary quichon
iris quichon
babakar quichon
olive quichon
florence quichon
édith quichon
carole quichon
mica quichon
hermès quichon
serge quichon
noémie quichon
henri quichon
sacha quichon
gwendoline quichon
marthe quichon
bertrand quichon
athe quichon
vladimir quichon
gloria quichon
rabiatou quichon
shirine quichon
casimir quichon
pierre-émilien quichon

Loi numéro 49 956 du 16 juillet 1949 sur les publications
destinées à la jeunesse : avril 2009
Dépôt légal : avril 2009
Imprimé en France par Mame à Tours
ISBN 978-2-211-09506-8

« Cléo, Cléo », demande Stéphanie Quichon,
« tu pousses mon lion avec ta poussette ? »
Cléo Quichon répond : « Non. »

« Et nos bébés ? » demandent Annabella et Stella Quichon. « Ils peuvent aller dans ta poussette ? » Et Cléo Quichon répond : « Non. »

Puis Tristan, Jon, Mica et Babakar Quichon
essaient de monter dans la poussette sans
autorisation.

Mais Cléo Quichon se défend.

« Voyons, les garçons », intervient Papa Quichon.
« Il faut demander poliment !
Cléo, Chère Mademoiselle Cléo Quichon,
voulez-vous bien que votre papa s'assoie dans
la poussette ? »

Et Cléo Quichon répond : « Pas question. »

« Mais, Cléo », dit Maman, « une poussette, c'est pour pousser les gens ! C'est mieux s'il y a quelqu'un dedans. »

Chuuuuuuuuuuuut, chuuuuuuuuuuuut !
Attention attention !
Cléo dort dans la poussette, dans la poussette de Cléo Quichon !

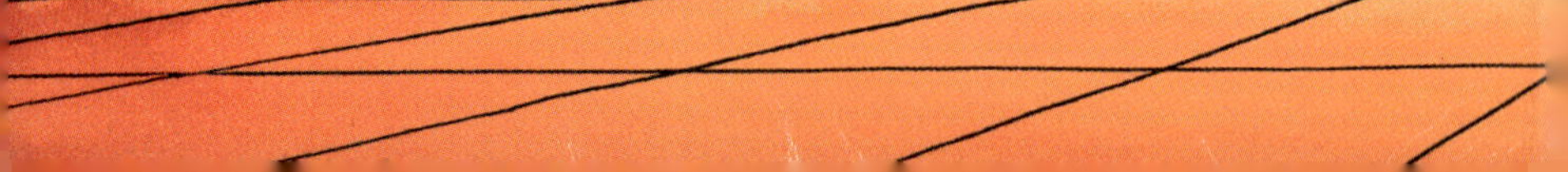

léa quichon
virgile quichon
rachid quichon
cléo quichon
gaëtan quichon
philippe quichon
sylvie quichon
elsa quichon
claude quichon
annabella quichon
fatoumata quichon
cyril quichon
lucette quichon
stéphanie quichon
patrick quichon
baboussia quichon
guershom quichon
raphaëlle quichon
marvin quichon
yoko quichon
guillaume quichon
rita quichon
tom quich
jean-françois quichon
viviane quichon
stella quichon
diane quichon
paolo quichon
tchaïm quichon
mickey quichon
pervenche quichon
loujaïne quichon
kenbougoune quichon
gary quichon
buster quichon
sébastien quichon
théodora quichon
michèle quichon